MALEN
für kleine Hände

Schwager & Steinlein

Inhalt

- 6 Blumenwiese
- 8 Fingerstempel-Baum
- 10 Spritz-Bild
- 12 Fernglas
- 14 Struktur-Mosaik
- 16 Lach-Gesichter
- 18 Apfelbaum
- 20 Blumen
- 22 Schnecken-Bild
- 24 Fußabdrücke
- 26 Farbmisch-Mobilé
- 28 Murmel-Bild
- 30 Papagei
- 32 Mäuse-Käse-Bild
- 34 Sonne

- 36 Marienkäfer
- 38 Krickel-Bilder
- 40 Geschenkpapier
- 42 Schmetterlinge
- 44 Kleister-Bilder
- 46 Puste-Bilder
- 48 Schatzkiste
- 50 Pendel-Bild
- 52 Mini-Album
- 54 Katzen-Mobilé
- 56 Igel-Bild
- 58 Sternenhimmel
- 60 Schneegestöber
- 62 Weihnachtssterne

Einleitung

Liebe Eltern,

zu den elementaren Erfahrungen eines Kindes gehören das Er- und Begreifen seiner Umwelt mit den eigenen Händen. Wie selbstverständlich beginnt es mit den Dingen zu spielen. Nicht anders verhält es sich auch im Umgang mit Papier und Farbe. Spielerisch entdeckt Ihr Kind mit den eigenen Fingern die Wirkung von Farben. Dabei werden wie nebenbei seine motorischen Fähigkeiten gefördert. Und erste Erfolgserlebnisse lassen die Ausdauer stetig wachsen.

Mit seiner natürlichen Neugier entdeckt Ihr Kind verschiedene Strukturen beim Schraffieren oder zaubert einfache Muster beim Tupfen mit Fingern. Kritzeln, tropfen, klecksen, spritzen – alle Sinne des Kindes werden angeregt. So kann sich seine Fantasie kreativ entfalten.

Dieses Buch versteht sich als Begleiter bei den ersten Schritten Ihres Kindes, seine Kreativität zu wecken. Erfreuen Sie sich an den kleinen Meisterwerken – oder werden Sie selbst kreativ und verwenden Sie die Bilder zum Beispiel als Geschenkpapier oder als Elemente für ein Mosaik. Die Möglichkeiten sind vielfältig und unbegrenzt.

Das Material

Für die ersten Malereien Ihres Kindes eignen sich nicht nur klassische Untergründe wie Papier und Karton, sondern auch Pappteller, Schuhkartons, Toilettenpapierrollen und Bierdeckel.

Das Werkzeug

Farben und Pinsel
Bunt- und Wachsmalstifte sowie Fingerfarben eignen sich am besten zum Bemalen von Papier und Karton. Sie sind ungiftig und wasserlöslich, deshalb lassen sich die kleinen Kinderhände auch leicht reinigen.
Acryl- und Dispersionsfarben lassen sich gut mischen. Allerdings sind diese Farben nicht wasserlöslich. Spülen Sie die Pinsel daher nach Verwendung sofort mit klarem Wasser aus, damit sie nicht eintrocknen.

Andere Hilfsmittel
Es muss nicht immer Stift und Pinsel sein. Viele Dinge aus dem Haushalt eignen sich hervorragend, um interessante Muster zu gestalten: Korken, Zahnbürste, Kamm, Eislöffelchen oder Strohhalm. Der Fantasie sind auch hier keine Grenzen gesetzt.

Klebstoff
Verwenden Sie einen lösungsmittelfreien Klebstoff wie Klebestift, Alleskleber oder weißen Bastelkleber. Tapetenkleister eignet sich ebenfalls, denn er lässt sich auch in kleinen Mengen schnell anrühren.

Der Arbeitsplatz

Die Arbeitsfläche sollte robust sein, ausreichend Platz zum Ausbreiten bieten und mögliche Farbreste vertragen können. Zum Schutz der Arbeitsfläche breiten Sie am besten Zeitungspapier, Wachstuch, aufgeschnittene Mülltüten oder alte Laken aus. Ziehen Sie Ihrem Kind einen Arbeitskittel an, damit es nach Belieben matschen und klecksen kann. Gut geeignet sind alte T-Shirts oder Oberhemden.

Vorlagen und Schablonen

Auf den Umschlaginnenseiten finden Sie Schablonen und andere Vorlagen für einige der Bastelideen. Diese können abgepaust oder kopiert werden, um Ihrem Kind die Bastelarbeiten zu erleichtern.

Und nun viel Spaß beim Malen!

Blumenwiese

1. Bastle dir ein Stoffsäckchen zum Drucken: Lege Wollreste in die Mitte eines Stoffstücks; drehe es zu einer Kugel und binde diese mit einer Schnur zusammen.

2. Gib etwas Farbe auf einen Teller, drücke das Stoffsäckchen hinein und drucke es auf den Tonkarton. Drehe das Stoffsäckchen auf der Stelle, damit der Abdruck schön rund wird.

3. Wenn die Farbe getrocknet ist, stemple mit den Korken bunte Blütenblätter drumherum oder in die Mitte jeder Blüte.

Tipp: Verwende für jede Farbe ein eigenes Stoffsäckchen!

Du brauchst:
- grünen Tonkarton
- Baumwollstoffrest
- Wollreste
- Korken
- Teller
- Acryl- oder Fingerfarbe

Fingerstempel-Baum

1. Male mit einem Pinsel den Baumstamm und die Äste und lass die Farbe gut trocknen.

2. Tupfe dann mit der Fingerspitze viele bunte Blätter auf den Baum und die Erde.

3. Säubere nach jeder Farbe deine Finger mit lauwarmem Wasser, dann ist die nächste Farbe dran.

Tipp:
So ein Bild kannst du gut gemeinsam mit Freunden machen: Jeder darf mal tupfen.

Du brauchst:
- Tonkarton
- Acryl- oder Fingerfarbe
- Pinsel

Spritz-Bild

1. Tunke die Borsten deiner Zahnbürste in die Farbe und spritze sie übers Papier, indem du mit dem Finger schnell über die Borsten streifst.

2. Probiere aus, wie du die Zahnbürste halten musst, damit die Farbe auch wirklich auf dem Papier landet.

Tipp: Decke die Arbeitsfläche weitflächig ab, da hier leicht mal etwas daneben spritzen kann.

Du brauchst:
- Papier
- Acryl- oder Fingerfarbe (leicht verdünnt)
- Zahnbürste

Fernglas

1. Male die Papprollen schön bunt mit dem Pinsel an und lass sie gut trocknen.

2. Klebe sie dann mit dem Klebefilm zusammen.

3. Bohre ein Loch in jede Seite und knote ein Stück Paketschnur daran fest. Jetzt kannst du dein Fernglas umhängen und damit gut deine Umwelt beobachten.

Tipp:
Stelle die Rolle senkrecht hin und halte sie mit der einen Hand fest. So kannst du sie gut bemalen.

Du brauchst:
- 2 Papprollen
- Acryl- oder Fingerfarbe
- Pinsel
- Paketschnur
- Klebefilm
- Prickelnadel

Struktur-Mosaik

1. Suche Gegenstände oder Oberflächen mit einer ausgeprägten Struktur, wie Blätter, Rindenstücke, Fußmatten o.Ä. Lege dein Papier darauf und male mit einem weichen Buntstift darüber: Auf deinem Papier erscheint der Abdruck.

2. Nimm für jede Struktur eine andere Farbe. Schneide aus jedem Bild die schönsten Stücke aus und klebe sie zu einem Mosaik auf deinen Tonkarton.

Tipp:
Die Reste dieser Struktur-Bilder kannst du zum Basteln verwenden, z.B. für den Papagei auf S. 30.

Du brauchst:
- weißes Papier
- Tonkarton
- Buntstifte
- verschiedene Oberflächen mit Strukturen

Lach-Gesichter

1. Tunke deinen Finger in die Farbe und tupfe „Punkt, Punkt, Komma, Strich" aufs Papier, und schon hast du ein Gesicht.

2. Male dann den Kopf drumherum, tunke dabei mehrmals in die Farbe ein. Dann kommen Tupfen für die Ohren und die Haare dran.

Tipp: Gestalte deine Geburtstagseinladungen mit einem Lach-Gesicht.

Du brauchst:
- Buntpapier
- Acryl- oder Fingerfarbe

Apfelbaum

1. Bemale den weißen Tonkarton in Grüntönen, das wird die Baumkrone.

2. Während die Farbe trocknet, bemalst du die Papprolle als Baumstamm in Brauntönen.

3. Schneide nach dem Trocknen die Baumkrone mit Hilfe der Schablone aus. Verteile dann mit der Fingerspitze leuchtend rote Farbtupfer darauf, das sind die Äpfel. Schneide die Papprolle an zwei gegenüberliegenden Stellen ein und stecke die Baumkrone hinein.

Tipp: Bemale und betupfe die Baumkrone von beiden Seiten mit Farbe. Das sieht schöner aus.

Vorlagen-Schablone im Buchdeckel

Blumen

1. Male mit der Schablone Blumen auf die Rückseiten der Bilder und schneide sie aus.

2. Lege die Blumen-Teile übereinander und bitte einen Erwachsenen, durch deren Mitte ein Loch zu bohren.

3. Fädle eine Holzperle auf den Wollfaden, stecke die Faden-Enden von vorn durch das gebohrte Loch und verknote sie am Stöckchen.

Tipp: Bastle einen ganzen Blumenstrauß und schenke ihn deiner Mama zum Muttertag.

Vorlagen-Schablone im Buchdeckel

Du brauchst:
- aussortierte Bilder, bemalte Papierreste
- Schere
- große Perlen
- Stöckchen
- Wollfaden
- Prickelnadel

Schnecken-Bild

1. Male mit einem Wachsmalstift eine Spirale aufs Papier.

2. Verlängere das Ende der Spirale zu einer waagerechten Linie und male daraus den Körper der Schnecke mit den Fühlern am Kopf.

Tipp:
Dieses Motiv eignet sich prima als Gemeinschaftsbild! Jeder malt Schnecken in seiner Lieblingsfarbe.

Du brauchst:
- Buntpapier
- Wachsmalstifte

Fußabdrücke

1. Bemale deine Handkante dick mit Farbe. Balle die Hand zur Faust und stemple sie auf den Tonkarton.

2. Stemple mit der Fingerspitze die Abdrücke der Zehen dazu.

3. Für eine Fußspur stempelst du mit deiner rechten und linken Hand versetzt im Wechsel.

Tipp:
Mit dieser Technik kannst du auch ein lustiges Geschenkpapier selbst bedrucken.

Du brauchst:
- Tonkarton
- Acryl- oder Fingerfarbe
- Pinsel

Farbmisch-Mobilé

1. Male drei Fantasie-Formen mit dem Bleistift auf die Pappe und schneide sie aus.

2. Nimm den Pinsel und bemale das erste Pappstück gelb, das zweite blau. Auf das dritte mischst du viel Gelb mit einem winzigen bisschen Blau. Welche Farbe wird es? Genau: Grün!

3. Loche alle Teile oben und unten, lege sie in die richtige Reihenfolge: Gelb - Grün - Blau, knote sie mit der Schnur aneinander. Binde drei Perlen an das untere Ende und hänge dein Mobilé auf.

Tipp:
Probiere noch andere Farbmischungen aus:
Rot + Gelb = Orange,
Rot + Blau = Lila,
Rot + Weiß = Rosa,
Blau + Weiß = Hellblau.

Du brauchst:
- dünne, weiße Pappe
- Bleistift
- Schere
- Acryl- oder Fingerfarbe
- Pinsel
- Locher
- Schnur
- Perlen

Murmel-Bild

1. Lege ein Blatt Papier in den Deckel. Gib einen dicken Farbklecks auf den Teller, tunke eine Murmel hinein und lege sie in den Deckel aufs Papier.

2. Jetzt kannst du den Deckel vorsichtig hin und her kippen und die Kugel beim Rollen Farben malen lassen.

3. Wische deine Finger mit Feuchttüchern oder Küchenkrepp ab, bevor du eine neue Farbe nimmst.

Tipp:
Nimm große und kleine Murmeln gleichzeitig, achte auf schöne Farbkombinationen.

Du brauchst:
- Papier in hellen Farben
- Acryl- oder Fingerfarbe
- tiefen Teller
- Deckel aus Pappkarton
- Murmeln
- Feuchttücher oder Küchenkrepp

Papagei

1. Male mit Hilfe der Schablone die Papagei-Teile auf deine Bilder und Papierreste und schneide sie aus.

2. Lege die Feder-Schablonen auf weißes Papier und umfahre die Konturen mit dem Wachsmalstift. Fülle den Umriss mit Wachsmalfarbe aus und schneide die Federn aus. Stelle so viele bunte Federn her.

3. Lege alle Einzelteile wie im Bild zu einem Papagei zusammen und klebe sie auf den Tonkarton.

Tipp:
Die Reste folgender Bilder eignen sich als Material für den Papagei:
Murmel-Bild S. 28,
Krickel-Bild S. 38,
Pendel-Bild S. 50.

Du brauchst:
- aussortierte Bilder, bemalte Papierreste
- Tonkarton
- Papier
- Bleistift

Vorlagen-Schablone im Buchdeckel

Mäuse-Käse-Bild

1. Nimm den breiten Pinsel, bemale den einen Tonkarton gelb, den anderen blau und lass beides gut trocknen.

2. Male mit dem Wachsmalstift auf den gelben Karton unterschiedlich große Kreise und schneide sie aus.

3. Klebe den Käse auf den blauen Karton. Stemple mit dem Daumen Mäuse in die Käselöcher und mit der Fingerspitze die Ohren. Male dem Mäuschen mit dem dünnen Pinsel die Schwänzchen.

Tipp:
Die Löcher im Käse kannst du auch gut mit einer Prickelnadel ausstechen.

Du brauchst:
- 2 weiße Tonkarton
- Wachsmalstift
- Acryl- oder Fingerfarbe
- breiten Pinsel
- schmalen Pinsel

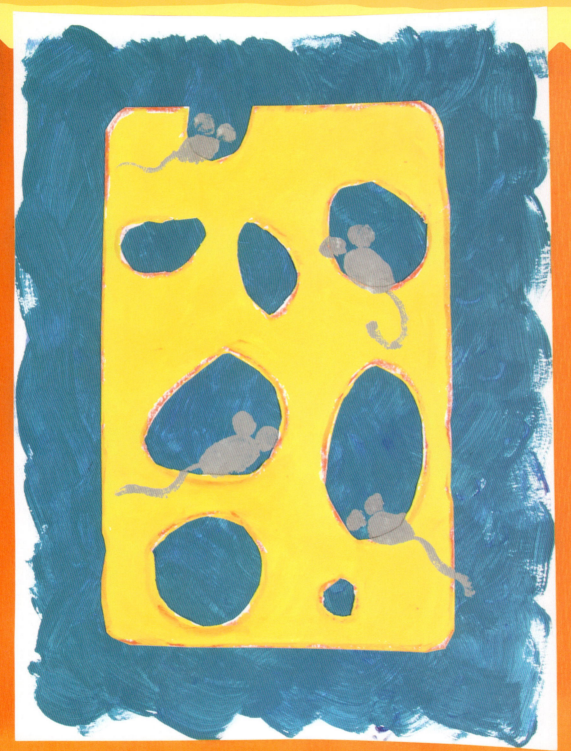

Sonne

1. Bemale deine Sonne, indem du gelbe Farbe direkt auf den Pappteller gibst und mit dem Pinsel verteilst.

2. Nach dem Trocknen kannst du mit dem Pinsel ein Gesicht aufmalen.

3. Schneide für die Sonnenstrahlen kleine Zacken ringsum in die geriffelte Kante.

Tipp:
So gelingen die Sonnenstrahlen: Bitte einen Erwachsenen, den Teller im richtigen Winkel zu halten und weiterzudrehen, während du die Zacken hineinschneidest.

Du brauchst:
- Pappteller
- Acryl- oder Fingerfarbe
- Pinsel
- Kinderschere

Marienkäfer

1. Male den Bierdeckel rot an und lass ihn trocknen. Male mit dem Pinsel den schwarzen Kopf und eine Linie für die Flügel. Tupfe die schwarzen Punkte mit deiner Fingerspitze auf und lass alles trocknen.

2. Tupfe zuletzt die weißen Augen mit deiner Fingerspitze auf.

3. Dann klebst du den Marienkäfer auf eine Wäscheklammer.

Tipp:
Hefte den Marienkäfer an einen kleinen Birkenzweig und schenk ihn Papa zum Vatertag.

Du brauchst:
- runden Bierdeckel
- Acryl- oder Fingerfarbe
- Pinsel
- Wäscheklammer
- Bastelkleber

Krickel-Bilder

1. Binde 5 bis 8 Buntstifte mit den Gummibändern zu einem großen Stift zusammen.

2. Halte das Stifte-Bund senkrecht, so dass alle Stiftspitzen auf dem Papier aufliegen. Jetzt kannst du drauflosrickeln.

Tipp:
Einen Teil dieser Bilder kannst du für die bunten Blumen auf S. 20 verwenden!

Du brauchst:
- Tonpapier
- Buntstifte
- Gummibänder

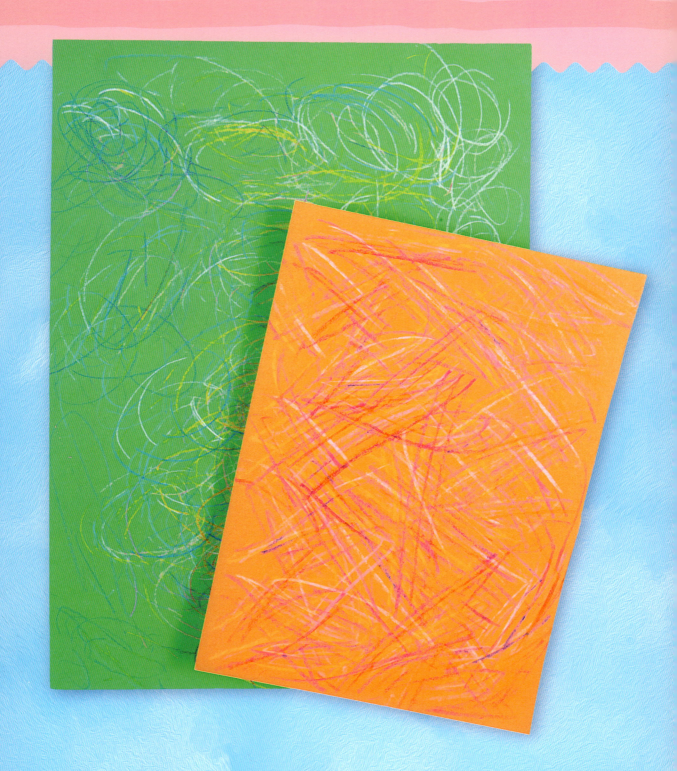

Geschenkpapier

1 Gib Farbe auf den Teller, rolle die Farbwalze hinein und dann aufs Papier.

2 Rolle Farben, die noch nicht getrocknet sind, übereinander: So entstehen spannende Muster.

Tipp:
Du hast ein kleines Kunstwerk geschaffen? Hänge dein Bild in einen Rahmen übers Sofa!

Du brauchst:
- Linol-Walzen
- Packpapier
- flachen Teller
- Acryl- oder Fingerfarbe

Schmetterlinge

1. Falte den Tonkarton in der Mitte und öffne ihn wieder. Bemale die eine Hälfte mit reichlich Farbe, klappe die andere Hälfte darüber und drücke sie fest. Klappe den Tonkarton gleich wieder auf und lass ihn trocknen.

2. Lege die Schmetterlings-Schablone auf, übertrage die Kontur auf deinen Tonkarton und schneide sie aus.

3. Wickle Paketschnur um den Körper des Schmetterlings und binde einen Knoten. Lass die Enden als Fühler stehen.

Vorlagen-Schablone im Buchdeckel

Tipp:
Hänge viele Schmetterlinge mit Wäscheklammern an eine lange Paketschnur und gestalte daraus eine bunte Sommergirlande.

Du brauchst:
- Tonkarton
- Acryl- oder Fingerfarbe
- Pinsel
- Schere
- Paketschnur

Kleister-Bilder

1. Rühre ein wenig Tapetenkleister nach Rezept auf der Packung an und verteile ihn mit einem Pinsel auf dem Tonkarton.

2. In einer zweiten Schicht pinselst du die Acryl- oder Fingerfarbe darüber.

3. Jetzt streichst du mit dem Kamm über das Bild und zauberst Muster hervor. Du kannst auch einen kleinen Eislöffel oder ein Hölzchen verwenden.

Tipp:
Es sieht auch schön aus, wenn du mit deinen Fingern auf dem Kleister Spuren hinterlässt.

Du brauchst:
- Tapetenkleister
- Tonpapier
- Acryl- oder Fingerfarbe
- Pinsel
- Kamm, Eislöffel oder Hölzchen

45

Puste-Bilder

1. Tropfe Farbe auf den Tonkarton. Setze deinen Strohhalm schräg auf, Puste kräftig durch den Strohhalm und verteile die Farbe übers Bild. Je dünner der Strohhalm, desto leichter und gezielter kannst du die Farben übers Blatt pusten.

2. Puste mehrere Farben ineinander und schau zu, wie auf dem Papier schöne Muster entstehen.

Tipp:
Bastle Postkarten aus deinen schönsten Motiven und sende sie als Sommergruss an liebe Menschen.

Du brauchst:
- Tonkarton
- Strohhalm
- Acryl- oder Fingerfarbe (leicht verdünnt)

Schatzkiste

1. Nimm den Pinsel, bemale deine Hand mit einer dicken Schicht Farbe und drücke sie auf dem Schuhkarton ab.

2. Wasche deine Hand und den Pinsel am Waschbecken ab, bevor du die nächste Farbe nimmst.

Tipp:
Bitte einen Erwachsenen, deine Schatzkiste nach dem Trocknen zum Schutz mit Klarlack zu übermalen.

Du brauchst:
- Schuhkarton
- Acryl- oder Fingerfarbe
- Pinsel

Pendel-Bild

1. Fülle die verdünnte Acrylfarbe in die Gefrierbeutel und knote eine lange Schnur so daran fest, dass eine Ecke als Spitze nach unten zeigt.

2. Lege den Tonkarton unter die Tischkante. Fixiere die Schnur oben auf dem Tisch und lass den Farbbeutel hinunterhängen, sodass er direkt über dem Tonkarton pendelt.

3. Schneide die Spitze des Farbbeutels ein ganz kleines Stück ab. Schubse das Pendel vorsichtig an, sodass die Farbe in kreisenden Bewegungen auf den Tonkarton tropft.

Tipp: Bereite gleich mehrere Farbbeutel vor und achte auf eine schöne Farbkombination.

Du brauchst:
- Tonkarton
- Acrylfarbe
- Gefrierbeutel
- Schnur
- Klebeband
- Schere

Mini-Album

1. Bitte einen Erwachsenen, dir den Fotokarton vorzubereiten: Ein Streifen von 8 x 40 cm wird zurechtgeschnitten und alle 8 cm im Zickzack gefaltet.

2. Jetzt bist du dran: Male die Bierdeckel mit Acrylfarbe von allen Seiten bunt an und lass sie gut trocknen. Klebe sie als Vorder- und Rückseite an dein Fotobuch.

Tipp:
Klebe deine schönsten Fotos ein und verschenke das Mini-Fotobuch an Oma und Opa. Oder du malst auf jede Seite ein kleines Miniatur-Bild, schon hast du ein echtes Künstlerbuch.

Du brauchst:
- je 2 quadratische Bierdeckel
- Acryl- oder Fingerfarbe
- Pinsel
- Bastelkleber
- weißen Fotokarton A3 (= 3 Fotobücher)
- Schere
- Lineal
- spitzen Bleistift

Sternenhimmel

1. Male den Tonkarton mit dem Pinsel dunkelblau an.

2. Kleckse gelbe Farbe auf einen kleinen Teller. Nimm ein Stück dicke Pappe, tunke die Kante in die Farbe und stemple damit Sterne aufs Papier.

Tipp:
Für ein weihnachtliches Geschenkpapier nimm Packpapier, das du mit Blau bemalst und mit glänzender Goldfarbe bestempelst.

Du brauchst:
- weißen Tonkarton
- Acryl- oder Fingerfarbe
- kleinen Teller
- Pinsel
- Stück dicke Pappe

Schneegestöber

1. Bemale den Tonkarton mit dem flachen Pinsel in einem dunklen Blau und lass die Farbe gut trocknen.

2. Tupfe dann mit dem runden Pinsel viele weiße Schneeflocken über den dunkelblauen Himmel.

Tipp:
Male als erstes mit einem helleren Blau Hügel oder Berge und lass sie trocknen. Male dann den dunkelblauen Himmel dazu.

Du brauchst:
- weißen Tonkarton
- Acryl- oder Fingerfarbe
- flachen Pinsel
- runden Pinsel
- Bastelkleber

Weihnachtssterne

1. Bemale den Tonkarton mit Gold- und Kupferfarbe und lass ihn gut trocknen.

2. Schneide kurze Streifen von 3 x 10 cm. Klebe immer zwei Streifen über Kreuz zusammen und lass sie trocknen. Schneide mit der Schere von außen bis zur Mitte eine Zacke in jedes der vier Enden.

3. Stich in eine der Spitzen ein Loch, fädle einen Goldfaden zum Aufhängen hindurch und knote ihn fest.

Tipp:
Die Sterne sind ein dekorativer Baumschmuck und schön als Geschenkanhänger.

Du brauchst:
- weißen Tonkarton
- gold- und kupferfarbene Acrylfarbe
- Pinsel
- Schere
- Bastelkleber
- Prickelnadel
- Goldfaden

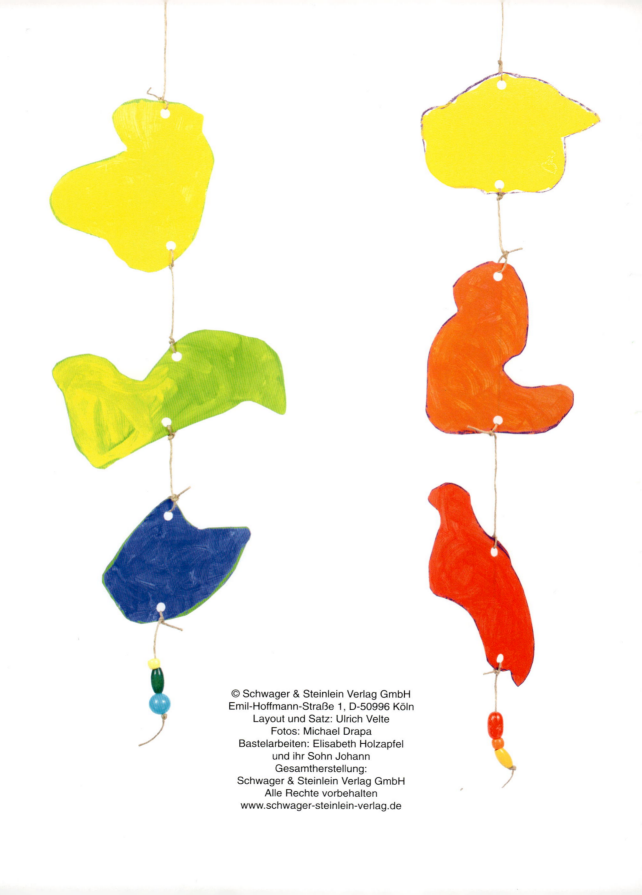

© Schwager & Steinlein Verlag GmbH
Emil-Hoffmann-Straße 1, D-50996 Köln
Layout und Satz: Ulrich Velte
Fotos: Michael Drapa
Bastelarbeiten: Elisabeth Holzapfel
und ihr Sohn Johann
Gesamtherstellung:
Schwager & Steinlein Verlag GmbH
Alle Rechte vorbehalten
www.schwager-steinlein-verlag.de